u »Hilfe, Gregor ist plötzlich ein Käfer!« im Unterricht

INHALTSANGABE

u.1

Gregor Sampson wacht eines Morgens auf und stellt verwundert fest, dass er ein Käfer ist. Gregor ist verwirrt. Als er sich selbst im Spiegel an seiner Zimmertür erblickt, erschrickt er über sein Aussehen und seine scharfen großen Fangzähne. Seine Mutter ruft ihn zum Frühstück. Schnell sucht Gregor nach einer passenden Kleidung, um sich für die Schule zurechtzumachen. Da er acht Beine hat, muss er zusätzlich Löcher in sein Hemd schneiden. Und weil es ihm noch schwerfällt, seine Gliedmaßen zu koordinieren, stürzt Gregor auch noch die Treppe zur Küche hinunter.

Die ganze Familie sitzt bereits am Frühstückstisch, aber niemand nimmt Notiz von Gregors merkwürdiger Veränderung. Sein Vater ist mit dem Vorbereiten der Butterbrotboxen, seine Mutter mit dem Lesen der Zeitung beschäftigt. Auch Gregors Schwester bekommt nicht mit, dass Gregor nun ein riesengroßer Käfer ist.

Erst sein bester Freund Michael merkt sofort, dass etwas nicht stimmt, und macht sich Sorgen. Gregor und Michael überlegen, was Gregor tun könnte, um wieder ein normaler Junge zu werden, und beschließen, zunächst einmal in der Schulbibliothek nachzuschlagen, was für eine Art Käfer Gregor eigentlich ist. In der Schule setzt Gregor seine sechs Beine ein, um im Mathematikunterricht Malaufgaben vorzurechnen und im Fußball zu glänzen.

Auch nach der Schule interessiert es zu Hause immer noch kein Familienmitglied, dass Gregor ein Käfer ist. Gregor ist verzweifelt und wird zunehmend trauriger.

Er krabbelt in seinem Zimmer die Wand hoch und quer über die Zimmerdecke. Stunden vergehen. Mit dem Kopf nach unten beobachtet er, wie die Sonne untergeht.

Als Gregors Eltern am Abend schließlich in sein Zimmer kommen, bemerken sie, dass etwas mit ihrem Sohn nicht stimmt. Plötzlich realisieren sie, dass Gregor ein Käfer geworden ist. Sie nehmen ihn liebevoll in die Arme und sagen ihm, dass sie ihn immer lieb haben werden, ob er ein Käfer oder ein ganz normaler Junge ist.

Gregor schläft beruhigt ein. Am nächsten Morgen ist er zurückverwandelt und wieder ein Junge.

Diese kurze Geschichte, in der ein Literaturklassiker, Kafkas »Verwandlung«, gekonnt für Kinder nacherzählt wird, stimmt nachdenklich.

Da die groteske Handlung am Ende eine fröhliche Wendung nimmt, ist sie für junge Leser_innen ein schönes und spannendes Leseerlebnis. Die Erzählung besticht durch ihre Komik und ihre Nähe zum kindlichen Alltag. Die Lektüre ist aufgrund der kurzen Leseetappen und der leicht zu verfolgenden Handlung für Leseanfänger_innen besonders geeignet.

Die Parabel ist in der Reihe »Super lesbar« des Beltz-Verlags erschienen. Super lesbare Bücher motivieren durch ein leicht aufnehmbares Schriftbild mit einer speziell entwickelten Schrift und unverwechselbaren Buchstaben. Opakes, mattes Papier, das nicht durch Spiegelung vom Lesen ablenkt, unterstützt zusätzlich beim Lesen. Schüler_innen mit Leseschwierigkeiten profitieren von der besonders lesefreundlichen Schrift- und Seitengestaltung. So erhalten auch Kinder mit geringer Leseerfahrung schnelle Erfolgserlebnisse.

u.2

LITERARISCHES PROFIL DES ROMANS

Erzählweise

Die Parabel »Hilfe, Gregor ist plötzlich ein Käfer!« umfasst 60 Seiten. Ein auktorialer Erzähler führt die Leser_innen linear in einem zeitlichen Nacheinander durch die kurze Geschichte. Die erzählte Zeit ist überschaubar, sie umfasst einen Tag, genauer einen Tag und eine Nacht. Die Handlung entwickelt sich episodisch: Gregor begegnet in seiner Familie, im Schulbus und in der Schule unterschiedlichen Personen, die, mit Ausnahme seines Freundes Michael, seine Veränderung nicht zu bemerken scheinen, bis sich am Schluss der Konflikt auflöst und Gregor von seiner Familie als Käfer erkannt wird. Erzählt wird im Präsens. Der Autor verzichtet auf verschachtelte sowie komplexe Satzstrukturen. Der Wortschatz ist den Kindern vertraut.

Der Erzähltext ist multimodal konzipiert. Schrifttext und Typografie (z. B. S. 14/15) sowie die seitenfüllenden Illustrationen werden integriert. Sowohl die Seiten- als auch die Schriftgestaltung ist besonders lesefreundlich. Dies zeigt sich im aufgelockerten Schriftbild.

Auf der Textebene finden sich viele Dialoge, die teilweise – an einen Comic erinnernd – durch große Sprechblasen dargestellt sind (S. 10 und 13). Mit Ausnahme von Gregor erhalten die Leser_innen von allen Figuren nur eine Außensicht. Gregors Gefühle und Gedanken werden nur zum Teil direkt mitgeteilt. Vielfach werden sie durch äußere Handlung und Dialoge vermittelt.

Illustrationen

Die Illustrationen von Delphine Durand sind bunt und fröhlich. Comicelemente und Semantisierung der Schrift (S. 14) lockern den Text auf.

Das Verhältnis von Text und Bild ist weitgehend komplementär und eher redundant. Auf der piktoralen Ebene wird dies in Form einer monoszenischen Bildfolge erzählt: Jede Doppelseite zeigt eine einzige Szene, wie bei einem Bilderbuch. Bild und Text vermitteln auf einigen Seiten nicht die gleichen Informationen, sondern ergänzen sich und füllen wechselseitig Leerstellen. Häufig zeigen die Bilder die subjektive Sicht Gregors, der sich bis zu seiner Begegnung mit Michael nur selbst als Käfer sieht. Die groteske Situation, dass die anderen Personen Gregors Metamorphose nicht wahrnehmen können, zeigt sich auch in der Machart der Illustrationen. Alle Figuren wirken wir Karikaturen ihrer selbst. Gregor als Käfer sowie sämtliche weitere Figuren haben lange, wie aufgesetzt wirkende Nasen, die Würsten ähneln, übergroße Münder und im Verhältnis sehr kleine Hände. Die Darstellung der Personen wirkt komisch. Sie konterkarieren die bedrohliche Situation von Gregors Verwandlung.

Figuren des Romans

Im Mittelpunkt der Geschichte steht Gregor. Über Gregors Familie, deren Einstellungswandel in der Geschichte eine zentrale Rolle spielt, erfährt man wenig. Gregor besucht die zweite Klasse. Wie er vor seiner Verwandlung aussah, wird im Buch nicht beschrieben oder dargestellt. Bei Gregors Rückverwandlung bekommen die Leser_innen nur die Rückenansicht gezeigt (S. 59). Gregor scheint zunächst mit der neuen Situation gelassen umzugehen und versucht, sich mit seinem Käferkörper anzufreunden. Je trauriger Gregor wird, umso mehr verhält er sich wie ein Käfer und zieht sich in seine Unscheinbarkeit zurück. Stärke und Selbstvertrauen gewinnt Gregor in dieser Situation durch die Unterstützung seines Freundes Michael.

Gregors Mutter wird im Buch als Hausfrau und Mutter sichtbar. Sie ist ständig in Zeitnot, nimmt Gregor nicht als Käfer wahr und versucht, ihn auf einen späteren Zeitpunkt zu vertrösten. Am Ende der Geschichte wendet sie sich Gregor fürsorglich zu, reflektiert ihr Verhalten aber nicht. Gregors Vater wird als fürsorglicher Vater beschrieben, der die Brotboxen vorbereitet und zum Abendessen ruft. Als sein Sohn ihn darauf aufmerksam machen möchte, dass er ein Käfer ist, macht der Vater sich über ihn lustig. Als er Gregors Verwandlung schließlich bemerkt, ist er allerdings der Erste, dem seine vorherige Ignoranz leidtut (S. 57). Gregors Freund Michael ist der Einzige, der die Veränderung Gregors bei der ersten Begegnung erkennt.

Des Weiteren wird Frau Dobson, Gregors Lehrerin, in Szene gesetzt. Vor Insekten ekelt sie sich so sehr, dass sie angesichts der Illustration aus dem Lexikon, die Gregor und Michael ihr zeigen, in hysterisches Reimen ausbricht (S. 42). Die Lehrerin bemerkt zwar, dass Gregor sich anders verhält, sieht Gregors Verwandlung als Käfer allerdings nicht.

Themen und Motive

Der Autor schildert auf sehr einfühlsame Weise, wie Gregor zunehmend verzweifelt, weil allen seine Veränderung gleichgültig zu sein scheint. Sowohl seine Mitschüler_innen als auch seine Familie zeigen sich ziemlich gleichgültig und nehmen wenig Anteil an seinem Leid, was Gregor schmerzt. Die Geschichte thematisiert die Selbst- und die Fremdwahrnehmung. Für Gregor selbst hat seine Verwandlung weitreichende Folgen. Sie beeinträchtigt ihn im Alltag beim Anziehen oder beim bloßen Treppensteigen. Er fühlt sich nicht gut, und bis auf seinen Freund scheint dieses Gefühl zunächst keinen zu interessieren. Solche »Käfertage«, wie es der Autor beschreibt, erlebt jeder im Laufe des Lebens. Es sind Tage, an denen man sich nicht echt oder gut fühlt, und keiner um uns herum bekommt es mit, da diese Personen zum Beispiel mit sich selbst beschäftigt sind.

Die Tatsache, dass Gregor sich plötzlich verwandelt hat, stellen weder er selbst noch die übrigen vorkommenden Personen infrage. Diese Selbstverständlichkeit des Wunderbaren rückt die Erzählung nah an die Gattung des Märchens. Jedoch handelt es sich eher um ein Anti-Märchen, da man zum Beispiel nicht erfährt, weshalb bzw. von wem er verwandelt wurde, und am Ende gibt es auch niemanden, der ernsthaft an seiner Rückverwandlung interessiert ist. Es gibt aber auch Gemeinsamkeiten mit dem klassischen Märchen. So bleiben Zeit und Ort relativ vage, niemand hinterfragt das Wunder der Verwandlung und der Verwandelte selbst behält weitestgehend seine menschliche Identität. In Gregors Fall heißt das, dass er noch denkt und fühlt wie ein Mensch.

DEUTUNGSPERSPEKTIVEN

U.3

Kafkas im Jahr 1916 erschienene Erzählung »Die Verwandlung« gehört zu den wohl bekanntesten Werken des Autors. Das Werk wirft die Frage auf, ob es falsch sein kann, anders zu sein, und ob man sich guten Gewissens zu seiner eigenen Andersartigkeit bekennen darf. Der Autor Lawrence David transformiert Kafkas Geschichte »Die Verwandlung« für Kinder gewinnbringend. Obwohl sich Gregor verwandelt hat und ganz und gar nicht normal aussieht, schenkt ihm niemand genug Beachtung, um seine missliche Lage wahrzunehmen. Gregor verunsichert das sehr. Die Erzählung zeigt auf, wie kränkend es sein kann, wenn die eigenen Familienmitglieder aneinander vorbeileben, und sie mahnt, mehr Beachtung für sein eigenes Umfeld aufzubringen.

Ganz anders als in der literarischen Vorlage wird Gregors Metamorphose nicht als Folge seiner Lebensumstände in Szene gesetzt, sondern eher als Quelle von Situationskomik. Gregors Umfeld verhält sich in grotesker Weise unangemessen und Gregor selbst ist weit davon entfernt, sein merkwürdiges Schicksal passiv zu erleiden. So reizt er die Vorteile seines zeitweiligen Insektenkörpers aus, indem er seine nichtsahnende Lehrerin und Mitschüler_innen mit entsprechenden Leistungen beeindruckt. Die Erzählung nimmt direkten Bezug zur Lebenswirklichkeit, indem sie beschreibt, dass man sich auch in den ureigensten Rückzugsräumen an schlechten Tagen manchmal allein und unverstanden fühlen kann.

Die Verwandlung lässt sich als Einbruch des Magisch-Fantastischen in die realistisch gezeichnete Alltagswelt des Protagonisten, als Traumhandlung oder als Symbolhandlung verstehen. Die fremdartige Veränderung seines Aussehens, aus welcher ein Einbruch in die wirkliche Welt resultiert, wirkt auf diese Weise wie ein Riss in der realen Welt und stellt damit eine Verbindung zwischen lebensweltlich Vertrautem und fremdartig Skurrilem her. Die Geschichte endet, bevor Gregors Rückverwandlung in seiner Familie thematisiert wird. Die Leser_innen können demnach nicht sicher sein, ob Gregor alles nur geträumt hat. Der Autor spielt mit dieser Leerstelle und lässt die Leser_innen im Ungewissen.

Ein weiteres Thema des Buchs ist das Anderssein. Gregors Gefühl der existenziellen Einsamkeit und die Verzweiflung darüber, von den anderen nicht so gesehen zu werden, wie er selbst sich sieht, bildet das Hauptthema der Erzählung. Hier ist auch die Nähe zu Kafkas Erzählung und deren zentralem Motiv zu sehen. Der intertextuelle Bezug zu dem Kafka-Text ist für das Bilderbuch konstitutiv. Nicht nur trägt Gregor denselben Namen wie der Protagonist in Kafkas Erzählung, sondern sogar der erste Satz von Kafkas »Verwandlung« – »Als Gregor Samsa eines Morgens aus unruhigen Träumen erwachte, fand er sich in seinem Bett zu einem ungeheuren Ungeziefer verwandelt« – ist zu Beginn der Erzählung Lawrence Davids leicht abgewandelt zu lesen.

d Didaktische Überlegungen

d.1 DIDAKTISCHES PROFIL DER ERZÄHLUNG

Lawrence Davids Parabel bietet den Kindern viele Anknüpfungspunkte an ihre Lebenswirklichkeit. Didaktisches Potenzial liegt in der Verknüpfung von vertrauten, assimilativen und eher neuen, akkommodativen Aspekten.* Die vertraute Dimension des Textes, wie etwa die kindgerechte Erzählweise und die Thematik, ermöglicht, dass die Kinder von sich aus einen Zugang zum Buch finden können und dass Anknüpfungsmöglichkeiten für eine eigene Deutung vorhanden sind (Assimilation). Dieser Aspekt bezieht sich auf das lesefördernde Potenzial. Neue, zusätzliche Anforderungen, die das Buch an ein Verstehen der Kinder stellt, betreffen eher den Bereich des literarischen Lernens bzw. auch die literarische Rezeptionskompetenz.

Als Ganzschrift ist das Buch durch die Textmenge und das Anspruchsniveau, je nach Leistungsniveau einer Klasse, für die Klassenstufen 2, aber auch für Klasse 3 und 4 angemessen.

Im Überblick lässt sich das didaktische Profil folgendermaßen skizzieren:

* Vgl. Rank, Bernhard (2005): Leseförderung und literarisches Lernen. In: Lernchancen, 8. Jg., Heft 44, S. 4–9.

Dimension des Textes	Das Vertraute: Möglichkeit zur Assimilation (Leseförderung)	Das Neue: Notwendigkeit zur Akkommodation (literarisches Lernen)
Wirklichkeitsbezug	▶ Fantastische Elemente ▶ Textgattung: Märchen/Parabel	▶ Irritierende Elemente: Mensch als Tier
Thematik	▶ Selbst- und Fremdwahrnehmung ▶ Freundschaft ▶ Selbstvertrauen	▶ Konfliktlösungen suchen und finden ▶ Anderssein ▶ Einsamkeit
Figuren	▶ Identifikation mit der Hauptfigur ▶ Sympathie und Antipathie mit den Figuren	▶ Ignorantes Verhalten der Figuren
Sprache/Stil	▶ Einfacher Satzbau ▶ Dialoge ▶ Wiederholungen	▶ Metaphern ▶ Lautmalerische Wörter
Bildebene/Layout	▶ Einfachheit der Bilder ▶ Klarheit und farbliche Gestaltung der Figuren	▶ Überzeichnung ▶ Details der Bilder
Literarische Formelemente/Erzählkonzept	▶ Auktorialer Erzähler ▶ Lineares Erzählen ▶ Positiver Schluss	▶ Märchenelemente ▶ Spannungsbogen

METHODENKISTE DEUTSCHUNTERRICHT

d.2

Der Einsatz von Erzählungen/Parabeln im Grundschulunterricht knüpft im günstigsten Fall an die Vorerfahrungen der Kinder mit Geschichten und Büchern im Kindergarten und in der Familie an und führt diese differenziert weiter. Im Folgenden sind Vorschläge für mögliche Arbeitsweisen mit »Hilfe, Gregor ist plötzlich ein Käfer!« im Deutschunterricht aufgeführt.

Im Vordergrund steht dabei die Verknüpfung mit anzustrebenden Kompetenzen, wie sie in den von der Kultusministerkonferenz (KMK) verabschiedeten »Bildungsstandards für das Fach Deutsch für den Primarbereich« formuliert sind, die die verbindliche Grundlage für alle in den Ländern zu entwickelnden Lehr- und Bildungspläne in der Grundschule darstellen.

In der rechten Spalte geben wir jeweils mögliche Beispiele für eine konkrete Umsetzung im Unterricht. Hier finden sich auch Verweise zu den Kopiervorlagen in diesem Heft. Zahlreiche methodische Möglichkeiten sprechen mehrere Bildungsstandards an. Wir haben uns zum Zwecke der Übersichtlichkeit jeweils für einen Bildungsstandard des Bereiches 3.3 (»Lesen – mit Texten und Medien umgehen«) entschieden. Häufig lassen sich auch sinnvolle Bezüge zu den Bildungsstandards der anderen Bereiche herstellen.

Bildungsstandards	Methoden	Beispiele
→ Über Lesefähigkeit verfügen		
• Lebendige Vorstellungen beim Lesen und Hören literarischer Texte entwickeln	• Das Buch sinngestaltend vorlesen	• Nur den Text vorlesen und Bilder zum Inhalt malen lassen; im Anschluss mit dem Original vergleichen
• Texte sinnverstehend und flüssig lesen	• Im Anschluss an das Lesen den Inhalt mit eigenen Worten nacherzählen	• Im Gesprächskreis das Buch anhand von Bildern mündlich nacherzählen lassen
	• Texte leise für sich lesen	• Abschnitte allein oder im Lesetandem erlesen lassen
• Selbstgewählte Texte zum Vorlesen vorbereiten und sinngestaltend vorlesen	• Textabschnitte/Textstellen vorlesen	• Die Lieblingsstelle • Die Stelle, die man nicht verstanden hat • Die Stelle, die man am wenigsten gut findet
→ Über Leseerfahrungen verfügen		
• Kinderliteratur kennen: Werke, Autoren und Autorinnen, Figuren, Handlungen	• Fachbegriffe einführen und anwenden, z. B. Titel, Autor/Autorin, Illustrator/Illustratorin, Verlag, Cover, Zeile, Seite, Text	• Fachbegriffe anhand des Buchs besprechen und anwenden → **k.1**
	• Vergleichendes Lesen	• Andere Parabeln, Märchen, Kennzeichen und Unterschiede erarbeiten • Informationen zu Kafkas Vorlage lesen → **k.12**
	• Biografie von Lawrence David kennenlernen	• Im Internet über den Autor recherchieren
	• Einen Sach- oder Informationstext schreiben	• Sachtext über Käfer
→ Texte erschließen		
• Verfahren zur ersten Orientierung über einen Text nutzen	• Titel, Titelbild und Klappentext untersuchen • Textantizipationen äußern	• Titelbild ansehen und Vermutungen zum Titel äußern • Zum Titel und Titelbild eigene Geschichten schreiben (anschließend Vergleich mit tatsächlichem Handlungsverlauf)
	• Die Parabel lesen	• Erste Leseeindrücke sammeln; literarisches Unterrichtsgespräch anschließen → **k.2, k.3**
	• Bilder des Buchs herausgreifen und beschreiben	• z. B. Titelbild, Seite 10, 14/15, 30/31, 59
	• Erzählerrede und Figurenrede identifizieren	• Mit verschiedenen Farben markieren

Bildungsstandards	Methoden	Beispiele
• Gezielt einzelne Informationen suchen	• Fragen zum Text beantworten	• Quiz lösen, Suchsel → k.1
	• Textinhalt rekonstruieren	• Einen Lückentext ergänzen → k.5 • Satzstreifen ordnen • Bildkarten ordnen
	• Figuren herausarbeiten	• Charakterzüge sowie Eigenschaften und Merkmale der einzelnen Figuren beschreiben → k.3, k.6, k.13
	• Gedanken und Gefühle der Hauptfiguren herausarbeiten	• Mimik und Gestik der Figuren untersuchen und vergleichen • Gefühle der Figuren untersuchen
• Texte genau lesen	• Veränderten Text vorgeben und mit dem Original vergleichen	• Textstellen überprüfen
	• Unbekannte Wörter suchen, finden und erläutern	• Bedeutung der Wörter klären, z. B. mithilfe des Internets oder eines Wörterbuchs
	• Textabschnitte mündlich zusammenfassen und wiedergeben	• Bei relevanten Stellen der Lektüre, um Verständnis zu sichern
• Texte mit eigenen Worten wiedergeben	• Den Inhalt des Buchs mit eigenen Worten wiedergeben	• Nacherzählen nach Bildern, Moderationskarten, Stichwörtern oder Sätzen
	• Das Buch in Abschnitte gliedern	• Mögliche Gliederung: erster Teil: S. 6–27, zweiter Teil: S. 28–49, letzter Teil: S. 49–60
	• Überschriften zu den Abschnitten finden	• Mögliche Überschriften sammeln
• Aussagen mit Textstellen belegen	• Aussagen zu einer Fragestellung suchen und Fundstellen angeben	• Ein_e Schüler_in beschreibt eine Figur oder eine Szene und die anderen müssen sie finden und erraten
• Eigene Gedanken zu Texten entwickeln	• Den Text ohne Bilder vorlesen / dem Text ohne Bilder begegnen	• Die Geschichte ohne Bilder vorlesen • Sich eigene Bilder zum Text ausdenken und zeichnen
	• Leerstellen des Textes ausfüllen	• Wie geht die Geschichte weiter? Was passiert danach? • Was denken die anderen Figuren über Gregor? • Wie vollzog sich die Verwandlung? • Was passierte bei der Rückverwandlung im Detail?
	• Einen Brief an eine der Figuren verfassen, um eine Meinung zum Ausdruck zu bringen	• Brief des Vaters an Gregor • Brief der Mutter an Gregor
	• Titelbild als Schreibanlass nutzen	• Verfassen einer eigenen Geschichte
	• Ein thematisches Gespräch zum Buch führen	• Was sind »Käfertage«? • Was ist Fiktion und was Realität?
	• Erweiterung des Buchinhaltes durch einen veränderten Schluss	• Gregor bleibt ein Käfer. Was passiert dann? • Die Eltern erkennen bereits am Frühstückstisch, dass Gregor ein Käfer ist. Wie entwickelt sich die Geschichte dann?
• Bei der Beschäftigung mit literarischen Texten Sensibilität und Verständnis für Gedanken und Gefühle sowie zwischenmenschliche Beziehungen zeigen	• Handlungen, Verhaltensweisen und Verhaltensmotive der Figuren bewerten	• Warum sehen die Eltern nicht, dass Gregor ein Käfer ist? • Warum erkennt Gregors Freund sofort, dass etwas nicht stimmt? • Auch Gregors Lehrerin erkennt, dass etwas nicht stimmt. Warum?
• Handelnd mit Texten umgehen, z. B. illustrieren, inszenieren, umgestalten, collagieren	• Eine Textstelle im Rollenspiel darstellen	• Ganzes Buch oder einzelne Abschnitte
	• Ein Bild oder eine Szene malen oder nachmalen	• Bilder zu unterschiedlichen Szenen der Erzählung malen • Arbeitsteilig: Jede_r Schüler_in übernimmt eine Szene
	• Die Geschichte umschreiben	• Alternative Fortsetzung ab S. 49: Die Eltern erkennen nicht, dass Gregor ein Käfer ist

Bildungsstandards	Methoden	Beispiele
• Handelnd mit Texten umgehen (Forts.)	• Standbilder prägender Szenen darstellen und erraten lassen	• S. 8/9: Gregor starrt in den Spiegel und erkennt sich als Käfer; S. 18/19: Gregor sitzt beim Frühstück und wundert sich, dass ihn niemand als Käfer erkennt
	• Kreative Schreibideen anbieten	• Akrostichon zum Thema »Traum« • Elfchen/Haiku zum Thema »Verwandlung«
	• Die Geschichte aus einer anderen Perspektive erzählen	• Gregors Schwester erzählt aus ihrer Perspektive
	• Das Buch als Stabpuppentheater gestalten	• Mithilfe von Stabpuppen die Geschichte nachspielen
	• Ein Parallel-Buch erstellen	• Aus dem gleichen Text ein eigenes Bilderbuch mit eigenen Bildern erstellen • Mit einem anderen Text ein ähnliches Buch erstellen
→ Texte präsentieren		
• Selbstgewählte Texte zum Vorlesen vorbereiten und sinngestaltend vorlesen	• Eine Lieblingstextstelle auswählen und begründen	• Diese Textstelle gefällt mir besonders gut, weil ... • Diese Textstelle finde ich besonders lustig, weil ...
	• Gestaltenden Lesevortrag vorbereiten und üben	• Einen Dialog mit verteilten Rollen lesen und vorbereiten
	• Die Geschichte als Theaterstück aufführen	• Mit Standbildern beginnen • Einzelne Szenen auswählen • Aufführung als Abschluss der Unterrichtseinheit bzw. des Projekts
• Die eigene Leseerfahrung einschätzen und beschreiben	• Die eigenen Lesefähigkeiten sichtbar machen	• Leseportfolio anlegen • Reflexionsbogen

SPRACHLICHE ASPEKTE UND IDEEN FÜR DEN UNTERRICHT d.3

Die kurze Erzählung eignet sich gut für den Einsatz im Sprachunterricht, da der Text zahlreiche sprachliche Phänomene bietet, die es zu besprechen gilt. Eine Auswahl an Arbeitsblättern finden Sie unter *k Kopiervorlagen und Materialien* (→ **k.1–k.14**). Folgende sprachliche Aspekte können mit dem Bilderbuch bearbeitet werden:

Wortschatzarbeit

Lernen eines Wortschatzes heißt, Wörter in ihren vielen Facetten (z. B. Schreibung, Lautung) wahrzunehmen, zu verstehen, zu memorieren und anzuwenden. Die Welt der Wörter und ihrer Beziehungen eröffnet Schüler_innen Erkenntnisse und Einsichten zu einem Thema. Wortschatzarbeit kann dies in entscheidender Weise unterstützen. Die Wortschatzliste im Anhang (**k.11**) beinhaltet eine Auswahl an Wörtern aus dem Bilderbuch, die inhaltlich prägend sind. Diese Wörter können auf unterschiedlichste Art eingeübt und wiederholt werden. Die Wortkärtchen können ausgeschnitten und

- abgeschrieben und diktiert werden,
- als Lauf- oder Hüpfdiktat, Partnerdiktat oder Dosendiktat geschrieben werden,
- genutzt werden, um die Wörter im Text aufzufinden,
- nach dem Abc und nach Wortarten sortiert werden,
- zum Bingo- und Pantomimespielen genutzt werden,
- zum Üben der Pluralbildung und der Konjugation von Verben genutzt werden.

Besondere Rechtschreibphänomene

In den Texten lassen sich einige Wörter **mit Doppelkonsonanten** und **Komposita** finden. Dazu können einige Übungen angeboten werden:

- Komposita / Wörter mit Doppelkonsonanten im Text auffinden
- Übungen zu Rechtschreibphänomenen
- Spielen mit Wörtern

Grammatik im Text

Der Autor verwendet viele Adjektive, die im Text aufgespürt werden können. Hier kann der funktionale Aspekt von Adjektiven thematisiert und den Schüler_innen verdeutlicht werden, welche Aufgabe Adjektive im Text haben (**k.13**). **k.14** beleuchtet die Verben des Textes und die Zeitform Präteritum. Zudem verwendet der Autor immer wieder die wörtliche Rede. Die Kinder könnten den Text in Figurenrede und Erzähltext unterteilen und das szenische Lesen üben.

Schreibanlässe

Zusätzlich ermöglichen produktive Schreibanlässe eigene, kreative Zugänge. Diese können bereits während des ersten Lesens verortet werden: Ein Innehalten auf S. 7 könnte zum Beispiel zu kleinen Texten mit der Frage »Was passiert mit Gregor?« führen.

Ebenso kann der Dialog am Frühstückstisch zum produktiven Schreibanlass genutzt werden, ein Gespräch zwischen den Familienmitgliedern auszuagieren. Darüber hinaus bieten Schreibanlässe mit Perspektivwechsel die Möglichkeit, vorhandene Textstrukturen mit dem eigenen Textverständnis zu verbinden, z. B.: Wie würdest du an Gregors Stelle reagieren?

Neben typischen lektürebezogenen Schreibaufgaben bieten Ganzschriften auch die Möglichkeit, Textsortenarbeit sowie Bausteine des Aufsatzunterrichts anzubinden:

- Beschreibungen zu Bildern aus dem Buch erstellen, aber auch zu Räumen, Personen und Gegenständen der Lektüre, die gerade keine ausführliche Beschreibung durch den Autor erhalten oder die gerade nicht schon in den Bildern dargestellt sind
- eine Parallelgeschichte schreiben
- Textsorten wie Bericht, Kommentar und Zusammenfassung
- Textbeobachtungen mit Übungen zur wörtlichen Rede und Redeverben
- Wortnetze zur weiteren Verwendung in Schreibaufgaben

d.4 VORSCHLÄGE FÜR EINE UNTERRICHTSEINHEIT

Einführung

Bilder im Buch

Zum Einstieg in die Arbeit mit dem Buch kann das Titelbild oder eine andere Illustration in die Mitte des Stuhlkreises gelegt werden. Die Schüler_innen äußern sich spontan dazu und antizipieren den möglichen Verlauf der Handlung. Die Kinder können auch Vermutungen zu den Hauptfiguren anstellen.

Bilder im Kopf

Für den Unterrichtseinstieg könnte die Lehrkraft die Schüler_innen bitten, die Augen zu schließen und dem Beginn der Geschichte bis Seite 12 zu lauschen. Im Anschluss sollen sie Gregor als Käfer zeichnen. Bei einem Galerierundgang können die Bilder der Mitschüler_innen betrachtet und verglichen werden. Danach können die Bilder der Kinder den Bildern im Buch gegenübergestellt werden.

Rezeption des Buchs

Die richtige Reihenfolge finden

Die prägnantesten Bilder werden kopiert und von den Kindern in die richtige Reihenfolge gelegt.

Rollenspiel

Mit den Kindern kann die Illustration auf den Seiten 18/19 betrachtet werden. Nun entwickeln die Schüler_innen ihre Ideen, wie sich die Szene in der Küche entwickeln könnte. Die Kinder können die Figuren und die Szene in Form eines Rollenspiels ausagieren und einen möglichen Fortgang antizipieren.

Wo bin ich?

Um den Inhalt der Erzählung zu sichern und die Vorstellungskraft im Zusammenhang mit den Handlungsorten der Erzählung anzuregen, könnte man mit den Kindern das Spiel »Wo bin ich?« spielen. Ein Kind bekommt eine Karte mit einem Handlungsort aus der Geschichte (Küche, Kinderzimmer, Bibliothek, Badezimmer, Bushaltestelle, Klassenzimmer) und beschreibt ihn. Ist der Ort erraten, bringt das Kind die Karte an der Tafel an. Wenn alle Handlungsorte erraten sind, muss die Klasse die Handlung mithilfe der Orte wiedergeben. Danach überlegen die Kinder, welchen Raum sie selbst als am gemütlichsten oder ungemütlichsten empfinden.

Figurenrätsel

Nach der Lektüre kann mit den Kindern zur Erarbeitung der Figurencharakterisierung ein weiteres Spiel gespielt werden. Alle Kinder erhalten einen Zettel mit einer Figur aus der Erzählung. Die Figur muss der Klasse pantomimisch vorgestellt werden. Nach dem Spiel berichten die Kinder, was sie über die einzelnen Protagonisten erfahren haben. Entsprechende Notizen können an der Tafel festgehalten werden.

Unterrichtsgespräch führen

Im Anschluss an die Lektüre könnte man gemeinsam mit den Kindern über das Thema »Traum und Verwandlung« sprechen. Impulsfragen könnten sein:

- Was ist ein Traum?
- Was ist eine Verwandlung?
- Welches Tier wärst du, wenn du dir das aussuchen dürftest?
- Welches Tier wärst du überhaupt nicht gerne?

In einem weiteren Unterrichtsgespräch könnte das Ende der Erzählung, Gregors Rückverwandlung, zum Thema gemacht werden. Hier werden sicherlich Ideen und Vorstellungen im Hinblick auf das Wirklichkeitsmodell evident. Im Gespräch könnte die Möglichkeit gegeben werden, sich im Detail mit der Verwandlung und der Rückverwandlung zu beschäftigen, die im Bilderbuch weder geschildert noch illustriert werden.

Zur weiteren Arbeit mit dem Buch gibt es zahlreiche Möglichkeiten (siehe »Methodenkiste«).

Auf den Kopiervorlagen werden folgende Symbole zur Verdeutlichung der Aufgabenstellung verwendet:

lesen	malen
suchen	ausschneiden
schreiben	erzählen

Zusatzaufgaben sind mit einem Stern markiert.

Die Kopiervorlagen bieten eine Auswahl an Aufgaben zur Vertiefung auf verschiedenen Ebenen und Schwierigkeitsstufen. Sie können entweder im Klassenverband gemeinsam bearbeitet oder im Rahmen einer Lerntheke angeboten werden. Die Schüler_innen legen dann selbst die Reihenfolge fest, in der sie die Aufgaben bearbeiten wollen, und tragen in einen Arbeitsplan oder in einen Laufzettel ein, welche Aufgaben sie erledigt haben. Die Unterrichtsstunden im Klassenverband können so gegliedert werden, dass jeder freien Arbeitsphase eine Einstimmungsphase vorangestellt wird und nach jeder Arbeitsphase eine Abschlussrunde im Sitzkreis folgt. In der Abschlussrunde können Arbeitsergebnisse präsentiert und Angebote besprochen werden.

Kunst und Basteln

Das Buch bietet zudem zahlreiche Anregungen zur ästhetischen Gestaltung. Die Kinder könnten

- Selbstporträts zeichnen,
- ihre Familie malen,
- Porträts ihrer Freunde malen,
- Insektenbilder anfertigen,
- einen Alptraum in Farbe malen,
- Zeichnungen von Käfern und anderen Tieren machen.

„Hilfe, Gregor ist plötzlich ein Käfer!“

1. Was gibt es auf dem Bucheinband zu entdecken? Ordne die Wortkärtchen zu.

- Autor
- Titelbild
- Titel des Buchs
- Verlag

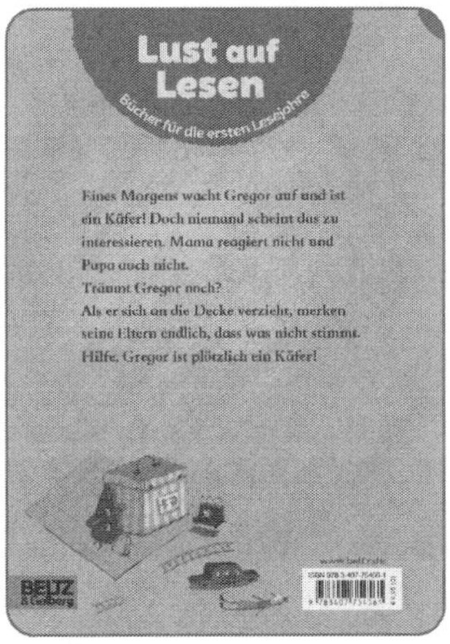

- Klappentext
- Verlag

2. Im Suchsel sind neun Wörter, die auf der Vorderseite und der Rückseite des Buchs zu lesen sind, versteckt.

a) Finde die Wörter.

b) Male sie mit einem Buntstift an.

c) Schreibe sie in dein Heft.

d) Schreibe mit jedem Wort einen Satz in dein Heft und male dazu.

X	K	Ä	F	E	R	L	G	J	D	M	L
P	C	Ö	M	K	Q	B	R	W	F	A	Y
A	U	F	W	A	C	H	E	N	D	M	F
P	P	Z	G	R	M	O	G	D	E	A	K
A	A	G	K	E	V	Ä	O	J	C	W	V
R	M	E	R	L	Ö	N	R	S	K	T	C
V	T	R	Ä	U	M	E	N	U	E	S	R
H	I	L	F	E	Y	E	L	T	E	R	N

Lösung zu Aufgabe 2:
Käfer, Hilfe, Gregor, Mama, Papa, aufwachen, träumen, Decke, Eltern

„Gregor entdeckt, dass er ein riesengroßer Käfer ist"

1. Auf Seite 8 und 9 siehst du Gregor in seinem Kinderzimmer.

Was stimmt? Kreuze an.

	ja	nein
Er starrt in den Spiegel an seiner Zimmertür.	☐	☐
Er hat einen großen grünen Käferleib.	☐	☐
Er hat drei große dunkle Käferaugen.	☐	☐
Er hat zwei lange Käferfühler.	☐	☐
Er hat sechs lange, dünne, haarige Käferfinger.	☐	☐

2. Markiere in den Sätzen aus Aufgabe 1, was nicht stimmt. Schreibe die richtigen Sätze in dein Heft. Verbessere die falschen Sätze.

3. Gregor erkennt im Spiegel, dass er ein Käfer ist. Was denkst du? Wie fühlt er sich? Tausche dich mit deinem Partnerkind aus. Schreibt einige Sätze in eure Hefte.

Tipp
Gregor fühlt sich …
Gregor denkt, dass …
Gregor hat Angst, dass …

„Gregor! Beeil dich, bitte!“

1. Was kann Gregor gut als Käfer, was ist schwierig? Schreibe es hier auf.

____

____

____

2. Überlege dir, in welches Tier du dich verwandeln möchtest, und male es hier auf. Was könntest du gut? Was wäre schwierig?

____

____

____

____

____

____

____

3. Überlege dir, in welches Tier du dich auf keinen Fall verwandeln lassen möchtest. Male es auf und vervollständige den Satz unter deinem Bild.

Ich möchte kein/e

______________________ sein,

weil ______________________.

Dann könnte ich …

* **Zusatzaufgabe:** Schreibe eine eigene Geschichte, wie du dich verwandelst und warum. Verwandelst du dich wieder zurück?

„Niemand schaut auf“

1. Wer sagt was? Lies dir die Seiten 18 bis 21 noch einmal durch. Verbinde die Sprechblasen mit den richtigen Figuren.

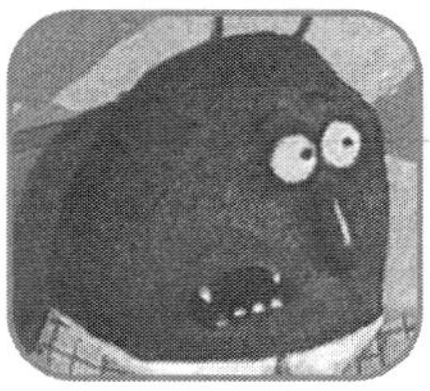

Mama, Papa, Clara, ich bin ein Käfer!

Und ich bin ein Nilpferd!

Ich bin wirklich ein Käfer, siehst du das nicht?

Du bist schon immer unser schlimmer kleiner Krabbelkäfer gewesen!

Gestern hast du gesagt, du wolltest Astronaut werden!

Weißt du, wie du mich zurückverwandeln kannst?

Können wir das nicht nach der Schule besprechen?

2. Wie reagieren die Eltern und die Schwester auf Gregors Verwandlung? Warum reagieren sie so und nicht anders? Was denkst du?

a) Tausche dich zuerst mit deinem Partnerkind aus.

b) Vergleicht eure Antworten dann mit denen, die ein anderes Paar gefunden hat.

c) Besprecht anschließend eure Ergebnisse in der Klasse.

„Ja, immer noch ein Käfer“

1. Auf den Seiten 24 bis 32 passiert ziemlich viel.

a) Nummeriere die Sätze in der richtigen Reihenfolge, dann erhältst du ein Lösungswort.

b) Einige Wörter sind verloren gegangen. Setze sie ein.

Clara | Bushaltestelle | Freund | Arzt | Schule | Helfer

O ☐ An der ______________ steigen sie aus dem Bus.

R ☐ An der ____________________ beachtet niemand Gregor besonders.

G ☐ Michael macht sich Sorgen und fragt Gregor, ob er zum ______________ gehen will.

E ☐ Im Schulbus setzt sich Gregor neben Michael, seinen besten ______________.

R ☐ In der Schule erkennt niemand, dass Gregor ein ______________ geworden ist.

G ☐ Gregor und ______________ bummeln zur Bushaltestelle.

Lösungswort:

1	2	3	4	5	6

2. Was denkst du? Warum sieht nur Michael die Verwandlung? Hast du eine Vermutung? Tausche dich mit deinem Partnerkind aus.

3. Welche Ideen hat Michael, um Gregor zu helfen? Schreibe sie auf.

____

____

____

Lösung zu Aufgabe 1: Gregor

„He, schau mal hier!“

1. Lies noch einmal die Seite 35. Kreuze an, was stimmt.

- ☐ In der Klasse fragt Frau Dobson, wie viel zwei mal drei ist.
- ☐ In der Klasse fragt Frau Dobson, wie viel zwei mal sechs ist.

- ☐ Gregor malt den eiförmigen Körper eines Käfers mit acht Beinen.
- ☐ Gregor malt den eiförmigen Körper eines Käfers mit sechs Beinen.

- ☐ Frau Dobson lobt ihn und sagt: „Schlecht gemacht!“
- ☐ Frau Dobson lobt ihn und sagt: „Gut gemacht!“

2. Lies noch einmal die Seiten 38 und 39. Kreuze an, was stimmt.

- ☐ In der Turnhalle üben sie Dribbeln mit dem Fußball und Torschießen.
- ☐ In der Turnhalle üben sie Schwimmen mit dem Fußball und Torschießen.

- ☐ Gregor saust über den Platz und kickt den Kuchen vom Boden auf seinen Panzer.
- ☐ Gregor saust über den Platz und kickt den Ball vom Boden auf seinen Panzer.

- ☐ Der Ball fliegt durch die Küchentür.
- ☐ Der Ball fliegt durch die Luft.

- ☐ In der letzten Schulstunde geht Frau Dobson mit der Klasse in die Bibliothek.
- ☐ In der letzten Schulstunde geht Frau Dobson mit der Klasse ins Schwimmbad.

- ☐ Michael sucht sich ein Buch über Fische aus.
- ☐ Michael sucht sich ein Buch über Insekten aus.

3. Lies noch einmal die Seiten 40 und 41. Kreuze an, was stimmt.

- ☐ In dem Buch ist eine Zeichnung von einem Käfer, der genauso aussieht wie Gregor.
- ☐ In dem Buch ist eine Zeichnung von einem Käfer, der genauso aussieht wie Michael.

- ☐ Gregor ist ein Erdkäfer.
- ☐ Gregor ist ein Mistkäfer.

4. Gregor ist ein Erdkäfer, genauer gesagt ein „carabus problematicus“. Übersetzt heißt das: ein Problemkäfer! Wie verstehst du das? Tausche dich mit deinem Partnerkind aus.

„Mama, ich bin immer noch ein Käfer!“

1. Nach der Schule kommt Gregor nach Hause, und immer noch erkennt niemand von seiner Familie, dass er ein Käfer ist.

Lies die Seiten 48 und 49. Verbinde die Satzteile. Schreibe sie in dein Heft.

Gregor geht hinauf in sein Zimmer … •	• … die Wand hoch und quer über die Zimmerdecke.
Er würde am liebsten … •	• … an seine Zimmertür.
Aber stattdessen krabbelt er … •	• … und macht die Tür zu.
Da hängt er und … •	• … weinen.
Gregor will nicht … •	• … von der Decke herunterkommen.
Es klopft … •	• … starrt auf sein Zimmer unter ihm.

2. Gregor fühlt sich einsam und traurig.

Hast du dich auch schon einmal so gefühlt? Wann? Warum?

Schreibe oder male es in dein Heft.

3. Am Abend kommt Gregors Papa ins Zimmer und bemerkt, dass Gregor ein Käfer ist. Auch seine Mama sieht es plötzlich. Lies noch einmal die Seiten 55 bis 57. Was sagen sie zu ihm, damit er von der Decke krabbelt?

a) Ersetze die Käfer durch Buchstaben.

b) Schreibe den Text in dein Heft.

„Komm herunter, mein 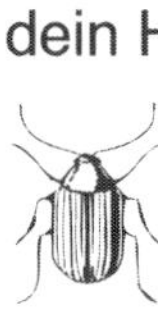 atz“, sagt Mama.

Seine Familie nimmt ihn in die  me.

„Es tut mir leid, dass wir es nicht früher  merkt haben“, sagt Papa.

„Es tut mir leid, dass ich dir nicht  hört habe“, sagt Mama.

„Wir werden dich immer lieb haben!“

1. Lies dir die Seiten 58 bis 60 noch einmal durch. Beantworte die Fragen. Hake die richtige Antwort im Kästchen ab.

Aufgepasst! Nur eine Antwortmöglichkeit ist richtig!

a) Wohin krabbelt Gregor am Abend?

- ☐ In sein Bett.
- ☐ In die Badewanne.
- ☐ In den Garten.

b) Gregor fühlt sich ganz erschöpft. Wieso?

- ☐ Weil er den ganzen Nachmittag gespielt hat.
- ☐ Weil er den ganzen Nachmittag an der Decke gehangen hat.
- ☐ Weil er den ganzen Nachmittag gerechnet hat.

c) Gregor fragt seine Eltern, ob sie ihn noch lieb haben. Das antwortet sein Papa:

- ☐ „Wir werden dich immer komisch finden.“
- ☐ „Wir werden dich immer lustig finden.“
- ☐ „Wir werden dich immer lieb haben.“

d) Am nächsten Morgen wacht Gregor auf. Was entdeckt er?

- ☐ Gregor entdeckt, dass er kein Junge mehr ist.
- ☐ Gregor entdeckt, dass er kein Hund mehr ist.
- ☐ Gregor entdeckt, dass er kein Käfer mehr ist.

e) Was denkt Gregor? Wer wird glücklich sein, dass er wieder ein Junge ist?

- ☐ Seine Familie und Michael.
- ☐ Die Lehrerin und der Bäcker.
- ☐ Der Busfahrer und Lisa.

f) Gregor Sampson hat einen aufregenden Tag erlebt.

- ☐ Er hat einen Katzentag hinter sich.
- ☐ Er hat einen Käfertag hinter sich.
- ☐ Er hat einen Nachmittag hinter sich.

2. Am Ende gibt es ein Happy End. Stell dir vor, dass die Geschichte nicht gut ausgegangen wäre. Was könnte stattdessen passiert sein? Schreibe und male die Geschichte in deinem Heft verändert weiter.

„Carabus problematicus"

1. Findest du das Bild, zu dem die Beschreibung passt? Schreibe in das Kästchen, auf welcher Seite du es gefunden hast.

Auf dem Bild sind ein Bett und ein Globus zu sehen. Neben dem Globus liegen drei Figuren und ein Auto. Seite ___	Auf dem Bild ist Gregors Lehrerin zu sehen. Seite ___	Gregor hängt an der Decke. Auch seine Eltern und seine Schwester sind zu sehen. Seite ___
Auf dem Bild sind ein Schulbus und eine Bäckerei zu sehen. Seite ___	Auf einem Apfelbaum sitzen fünf Vögel. Seite ___	An einem Kleiderhaken hängen eine Jacke und ein Schal. Seite ___
Auf dem Bild sind eine Treppe, Gregor, eine Kommode, vier Bilder und ein paar Schuhe zu sehen. Seite ___	Gregor steht am Fenster. Die Sonne lacht. Seite ___	Gregor sitzt auf einem Stuhl. Er hat ein Hemd und eine Schere in der Hand. Seite ___

2. Denke dir weitere Bilderrätsel aus. Die anderen Kinder müssen sie dann lösen.

Seite ___	Seite ___
Seite ___	Seite ___

„Wie ist das passiert?"

1. Das Buch hat viele schöne Bilder. Welche Bilder gefallen dir besonders? Tausche dich mit deinem Partnerkind aus.
Schreibe die Seitenzahlen deiner Lieblingsbilder hier auf. ☐ ☐ ☐ ☐

2. Wo kannst du die Ausschnitte im Buch entdecken? Schreibe die Seitenzahl in das Kästchen.

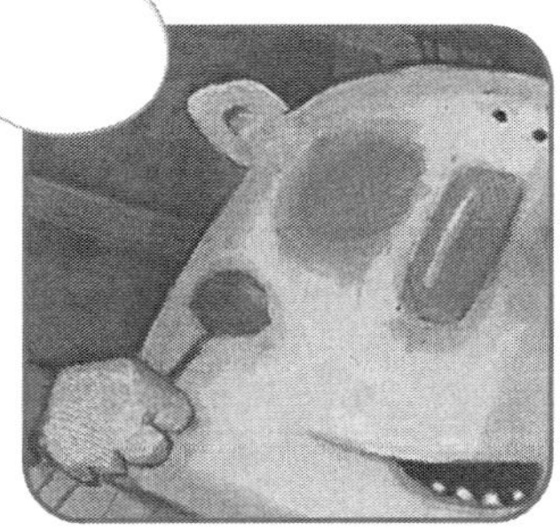

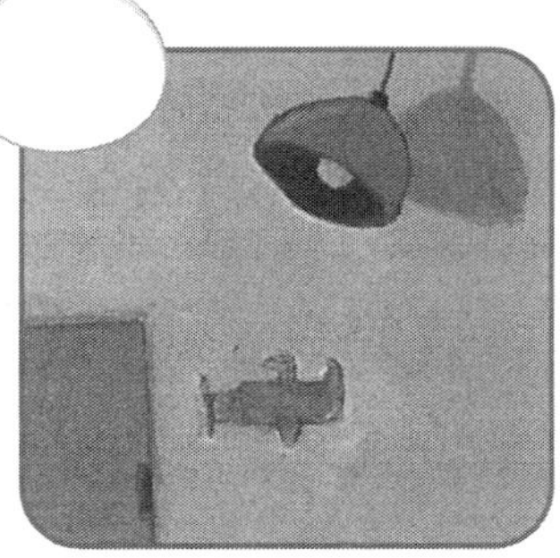

3. Zeichne ein Bild oder einen Bildausschnitt ab. Können deine Mitschülerinnen und Mitschüler dein Bild im Buch wiederfinden?

„Keiner sagt ein Wort“

Das kannst du alles mit den Wortkarten machen:

1. Schneide die Wortkarten aus und schreibe die Wörter ab.
2. Sortiere die Karten nach dem Abc und/oder nach nach Silbenanzahl und/oder nach Wortarten: NOMEN, VERBEN, ADJEKTIVE.
3. Schreibe mit jedem Wort einen Satz in dein Heft.
4. Erkläre, was die Wörter bedeuten, und male dazu.
5. Suche die Wörter im Buch und schreibe die Seitenzahl auf die Rückseite der Karte.
6. Flüstere die Wörter deinem Sitznachbarn ins Ohr.
7. Nimm 5 Karten, merke sie dir und sage sie auswendig auf.
8. Lege sie im Klassenzimmer aus und schreibe ein Laufdiktat.
9. Spielt mit den Wortkarten BINGO, Pantomime oder TABU (Wörter beschreiben).

der Käfer die Käfer	das Zimmer die Zimmer	der Spiegel die Spiegel	die Schule die Schulen	die Küche die Küchen
die Treppe die Treppen	die Zeitung die Zeitungen	der Bus die Busse	der Panzer die Panzer	die Klaue die Klauen
die Klasse die Klassen	der Lehrer die Lehrer	der Freund die Freunde	der Körper die Körper	die Wand die Wände
die Schwester die Schwestern	die Familie die Familien	das Bett die Betten	der Fühler die Fühler	die Decke die Decken
aufwachen	erschrecken	verwandeln	umwandeln	antworten
zurück- verwandeln	sehen	beachten	achten	ansehen
krabbeln	starren	beobachten	hängen	klettern
niemand	dunkel	dünn	lang	haarig
vierarmig	sechs	groß	braun	oben

Franz Kafka

Info

Das Buch „Hilfe, Gregor ist plötzlich ein Käfer!“ erzählt die Geschichte „Die Verwandlung“ von **Franz Kafka** für Kinder. Franz Kafka ist einer der bekanntesten Autoren der Welt!

1. Lies den Text.

Der Autor Franz Kafka

Franz Kafka wurde im Jahr 1883 in Prag geboren. Diese Stadt liegt in Tschechien.

Franz Kafka schrieb wundersame Geschichten. Die Menschen in seinen Büchern wehren sich oft gegen Regeln, die sie ungerecht finden. In seinem Roman „Der Prozess“ geht es zum Beispiel um einen Mann, der verhaftet wird. Er soll verurteilt werden, ohne dass man ihm den Grund dafür sagt. Die Geschichte erinnert an einen Alptraum.

In Franz Kafkas Erzählung „Die Verwandlung“ wacht ein Mann auf und erkennt, dass er sich in einen großen Käfer verwandelt hat. Er muss von nun an mit den Folgen seiner Verwandlung leben. Seine Eltern mögen ihn zum Beispiel nicht mehr.

Alle Geschichten von Franz Kafka sind irgendwie seltsam, sie erinnern an Träume. Es geschehen Dinge, die im wahren Leben eigentlich nicht passieren können.

Franz Kafka starb 1924.

2. Unterstreiche die Antworten farbig im Text.

- Wann wurde Franz Kafka geboren? (gelb)
- Wann und woran starb Franz Kafka? (grün)
- Was tun die Menschen in seinen Erzählungen? (rot)
- Wie heißt die Geschichte, in der ein Mann verhaftet wird? (orange)
- Wie heißt die Geschichte, in der ein Mann in einen Käfer verwandelt wird? (blau)
- Woran erinnern seine Erzählungen? (lila)

„Er entdeckt, dass er ein riesengroßer Käfer ist“

Info

Adjektive beschreiben ein Nomen.
Man kann nach ihnen so fragen: **Was für** eine Tulpe ist das?
Eine schöne Tulpe.
Adjektive können etwas näher beschreiben: → die schöne Tulpe
Adjektive verändern sich: → die schöne Tulpe, die schön**en** Tulpen
Adjektive können gesteigert werden: → die **schönste** Tulpe, **schön / schöner / am schönsten**

1. Diese Adjektive stehen im Buch.

a) Schreibe die Adjektive in dein Heft.

b) Denke dir zu jedem Adjektiv einen Satz aus.

c) Zu welchen Adjektiven findest du die Gegenteile? Schreibe sie auf.

groß	riesig	dunkel	lang	gut
dünn	haarig	eilig	scharf	kahl
weit	schwierig	neu	schnell	einarmig
klein	schlimm	vierarmig	dick	rund
schön	früh	sicher	eiförmig	
kräftig	lieb	sprachlos	jung	
tief	glücklich	traurig	richtig	

2. Beschreibe die Hauptfiguren mit Adjektiven. Schreibe auf die Linien.

______________ ______________ ______________ ______________

______________ ______________ ______________ ______________

3. Adjektive kann man zusammensetzen, dann können sie etwas noch genauer beschreiben. Dazu braucht man z. B. ein Nomen und ein Adjektiv.

Setze die Wörter zusammen und schreibe das Adjektiv auf.

der Riese + groß = riesengroß — die Tomate + rot = ______________

die Kugel + rund = ______________ — die Kerze + gerade = ______________

der Bär + stark = ______________ — der Zucker + süß = ______________

„Er starrte in den Spiegel an seiner Zimmertür“

Info

Verben (Tunwörter) sind sehr wichtig! Es gibt keinen Satz ohne ein Verb!

Verben geben an, was jemand tut, denkt, fühlt oder was geschieht.
Verben verändern sich mit der Person: → ich lese, du liest, sie lesen
Verben verändern sich in verschiedenen Zeitformen: → Gestern las ich ein Buch. Morgen werde ich ein Buch lesen.

1. Was tut ein Käfer normalerweise? Kreise die passenden Verben ein. Schreibe Sätze in dein Heft: *Der Käfer krabbelt.*

starren

fliegen krabbeln

sehen entdecken

gehen sich drehen

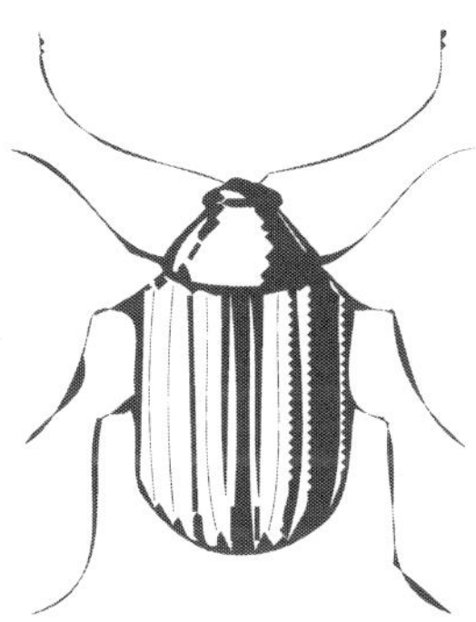

strampeln schneiden

schauen lachen

trippeln sich verwandeln

2. Im Kasten stehen Verben aus dem Buch – einmal in der Grundform und einmal in der veränderten Form in der Vergangenheit.

a) Male an, was zusammenpasst.

b) Schreibe wie im Beispiel Sätze in dein Heft.

Beispiel: *lesen, ich lese, ich las*

sehen – er weinte – sagen – ich konnte – kommen – er lachte – gehen – sie schnitt – können – er kam – weinen – er antwortete – schneiden – ich ging – lachen – ich sagte – antworten – er sah – sein – ich war

3. Suche noch mehr Verben im Buch. Schreibe sie in dein Heft und male dazu.

Lösungen und Lösungsvorschläge

K.1

2.

	K	Ä	F	E	R		G			M	
P							R			A	
A	U	F	W	A	C	H	E	N	D	M	
P							G		E	A	
A							O		C		
							R		K		
	T	R	Ä	U	M	E	N		E		
H	I	L	F	E		E	L	T	E	R	N

K.2

1. Er starrt in den Spiegel an seiner Zimmertür. – ja
Er hat einen großen grünen Käferleib. – nein
Er hat drei große dunkle Käferaugen. – nein
Er hat zwei lange Käferfühler. – ja
Er hat sechs lange, dünne, haarige Käferfinger. – nein

K.4

1. »Mama, Papa, Clara, ich bin ein Käfer!« (Gregor), »Und ich bin ein Nilpferd!« (Papa), »Ich bin wirklich ein Käfer, siehst du das nicht?« (Gregor), »Du bist schon immer unser schlimmer kleiner Krabbelkäfer gewesen!« (Mama), »Gestern hast du gesagt, du wolltest Astronaut werden!« (Schwester), »Weißt du, wie du mich zurückverwandeln kannst?« (Gregor), »Können wir das nicht nach der Schule besprechen?« (Mama)

K.6

1. In der Klasse fragt Frau Dobson, wie viel zwei mal drei ist. – Gregor malt den eiförmigen Körper eines Käfers mit sechs Beinen. – Frau Dobson lobt ihn und sagt: »Gut gemacht!«

2. In der Turnhalle üben sie Dribbeln mit dem Fußball und Torschießen. – Gregor saust über den Platz und kickt den Ball vom Boden auf seinen Panzer. – Der Ball fliegt durch die Luft. – In der letzten Schulstunde geht Frau Dobson mit der Klasse in die Bibliothek. – Michael sucht sich ein Buch über Insekten aus.

3. In dem Buch ist eine Zeichnung von einem Käfer, der genauso aussieht wie Gregor. – Gregor ist ein Erdkäfer.

K.7

1.

Gregor geht hinauf in sein Zimmer ...	... und macht die Tür zu.
Er würde am liebsten ...	... weinen.
Aber stattdessen krabbelt er ...	... die Wand hoch und quer über die Zimmerdecke.
Da hängt er und ...	... starrt auf sein Zimmer unter ihm.
Gregor will nicht ...	... von der Decke herunterkommen.
Es klopft ...	... an seine Zimmertür.

3. »Komm herunter, mein Schatz«, sagt Mama. – Seine Familie nimmt ihn in die Arme. – »Es tut mir leid, dass wir es nicht früher bemerkt haben«, sagt Papa. – »Es tut mir leid, dass ich dir nicht zugehört habe«, sagt Mama.

K.8

1. 1. Wohin krabbelt Gregor am Abend? – In sein Bett.
2. Gregor fühlt sich ganz erschöpft. Wieso? – Weil er den ganzen Nachmittag an der Decke gehangen hat.
3. Gregor fragt seine Eltern, ob sie ihn noch lieb haben. Das antwortet sein Papa: – »Wir werden dich immer lieb haben.«
4. Am nächsten Morgen wacht Gregor auf. Was entdeckt er? – Gregor entdeckt, dass er kein Käfer mehr ist.
5. Was denkt Gregor? Wer wird glücklich sein, dass er wieder ein Junge ist? – Seine Familie und Michael.
6. Gregor Sampson hatte einen aufregenden Tag. – Er hat einen Käfertag hinter sich.

K.9

1. Auf dem Bild sind ein Bett und ein Globus zu sehen. ... (Seite 8, 9)
Auf dem Bild ist Gregors Lehrerin zu sehen. (Seite 36)
Gregor hängt an der Decke. ... (Seite 52, 53)
Auf dem Bild sind ein Schulbus und eine Bäckerei zu sehen. (Seite 26, 27)
Auf einem Apfelbaum sitzen fünf Vögel. (Seite 34)
An einem Kleiderhaken hängen eine Jacke und ein Schal. (Seite 23)
Auf dem Bild sind eine Treppe, Gregor, eine Kommode, vier Bilder und ein paar Schuhe zu sehen. (Seite 16, 17)
Gregor steht am Fenster. ... (Seite 59)
Gregor sitzt auf einem Stuhl. ... (Seite 12)